AF386072

Wo sich das Wasser staut
Gedichte

Christoph Sebastian Widdau

Bibliografische Information der Deutschen Nationalbibliothek: Die Deutsche Nationalbibliothek verzeichnet diese Publikation in der Deutschen Nationalbibliografie; detaillierte bibliografische Daten sind im Internet über dnb.dnb.de abrufbar.

Herstellung und Verlag:
BoD – Books on Demand, Norderstedt

ISBN: 9783734716980

Für meinen Vater

Inhalt

Flunkernd im Gewölk

Flunkernd im Gewölk
Das Rasiermesser schneiden
Die Butter auf das Brot geben
Die Lunte kürzen
Und ohne Glück lächeln
Den Schenkel streicheln
Eine Lippe suchen
Von der Stirn stürzen
Kauernd unter dem Gebälk

Das nicht von uns Gemachte

Das nicht von uns Gemachte
Sucht ein Heim
Es lugt hervor
Unter deinen Wimpern
Unter deinen Nägeln
Unter deinem Schoß
In deinen Worten auch
Auch wenn du mir nicht glaubst
Es findet Heim
Statt
Unter unserem Dach

Den Leib zu beruhigen ein Tupfen

Den Leib zu beruhigen ein Tupfen
Tropfen an Schenkel und Stirn zu trocknen
Rinnsal deiner Schreie und Furcht
Gegen die Windungen des Zerfalls
Aber das Laken auszubreiten
Und die Empfängnis zu entfalten:
Dies nur in meinem Schweiß
Der sich stauenden Zeit

Herostratik

Herostratik, Sehnsuchtsstatik
Bilderbogen, Winkelzüge
Fundament und Schwebebahn
Bilderwogen, Winkelschübe
Säulen auf des Tores Kahn

Wo sich das Wasser staut

Wo sich das Wasser staut
Strahlten deine Schenkel
Legte ich mit meinen Lippen frei
Was verborgen blieb
Und verborgen bleiben sollte
Als der Schwarm aufstieg und sang
Sahst du mich nicht
Nur eine Ahnung der Quelle
An deiner Fingerspitze

Vergnügen zweiter Ordnung

Vergnügen zweiter Ordnung:
Das Anfeuern zweier Münder

Manufaktur, die du bist

Manufaktur, die du bist
Umspielst das Haar
Umgreifst die Fessel
Umgrenzt den Mund
Kunstfertig
Ohne Scheu
Taubstumm
An meinem gewohnten Leib
Fließen die Bänder
Und bleiben wir arm

Geschlagen hast du

Geschlagen hast du
In meine Kerbe
Mit deinem Wort hast du geschlagen
Mit deinem Blick hast du geschlagen
Mit deinem Schweigen hast du geschlagen
Geschlagen die Stunden mit dir
In meiner Kerbe

Der Herbst lag stumm im Sterben

Der Herbst lag stumm im Sterben
Wie du, im Bette, auch
Von Blättern bedeckte Wege
Abperlendes vom Strauch

Kurz wurden uns die Tage
Im Hellen schliefst du ein
Lautlos schieben Blätter – fort!
Am Haus rankt toter Wein

So brach die Unzeit in uns ein
Tot waren wir noch nicht
Laken um die Hüfte schnallend
Blieb ich stumm im Gesicht

Erst in der Dunkelheit

Erst in der Dunkelheit
Die Entfernung der Lippen
Flüsternd einzudringen
In die Ästhetik ihres Schlafes
Möge das am Tag Verschwiegene
Sachter entzweien
In der Ruhe
Des fehlenden Augenblicks

Alle Hügel und Täler

Alle Hügel und Täler
Balgten sich bang
Um jedes Wort von Achilles
Das er für dich sang

Alle Hügel und Täler
Verbargen das Fleisch
Und jedes Wort von Achilles
War karg und blutreich

Alle Hügel und Täler
Sahen dich an
Und jedes Wort von Achilles
War dir kein Gesang

Als du in meinem Schoß ruhtest

Als du in meinem Schoß ruhtest
Legtest du deine Kehle frei
Und ich sah sie nicht
Am Stoff kratzend
Und ich sah sie nicht
Schlug räuspernd Alarm
Weil ich daran dachte
Dass du deine Kehle freilegst
Ruhend in meinem Schoß

Birnen und Früchte

Birnen und Früchte
Im Korb, der dich trägt
Im geflochtenen Korb
Im abgeliebten Korb
Den wir auf dem Dachboden hielten
Oder im Keller
Den wir dort hielten oder dort
Aber nicht bei uns

Eine Blüte treiben lassen

Eine Blüte treiben lassen
Weh im Wind und Wind im Weh
Sich davon kein Bild zu machen
Purpur liegt sie nun im Schnee
Sich davon kein Bild zu machen
Auf dem eisversehenen See
Sich davon kein Bild zu machen
Als die Blüte flehte: Geh!
Sich davon kein Bild zu machen
Und den Glaubensvorsatz fassen

Nach einem Stern zu greifen

Nach einem Stern zu greifen
Ihn auch
Dem Vorurteil zum Trotz
Gefasst zu bekommen
Zaghaft dann das Grelle zum Mund zu führen
Diesen erwartungsvoll zu öffnen und
So auf dem Gepflückten zu kauen
Bis Kiefer schmerzen

Im Donnerhagel

Im Donnerhagel
Trugst du die Blüten
Im aufgeplusterten Rock ins Haus
Und leuchtetest, als du sie ausbreiten konntest
Die Finger schmutzig, mit einem Lächeln noch
Ich aber wirkte dem Grollen entgegen

Schlüpfe in das Tal

Schlüpfe in das Tal
Benetze das Fleisch
Trage die Waffen aus dem Haus
Im Bruchteil der Kiefern
Renke die Schulter ein
Ergreife den Bogen
Belaube die Knöchel
Der Kauz blickt
Glück
Stell dich ein
Auf ihn

Bruder, du reichst mir noch die Hand

Bruder, du reichst mir noch die Hand
Du tätest dies nicht
Würde ich dich nicht Bruder heißen
Erde hielten wir in Händen
Bedachten dabei nicht
Die Notwendigkeit der Würmer
Nur Weiches zwischen den Fingern
Nehmen wir uns bei den Händen
Rissen Zweige von Ästen
Kraft unserer Augen
Lachten beständig
Stärke missachtend
Uns an den Ästen zu versuchen
In die Wucht des Windes
Stellten früh wir unsere Körper
Traten bedrängt von Stelle zu Stelle
Nicht fernab der Schutz
Doch wir maßen einander
Bruder, du reichst mir noch die Hand
In meiner Natürlichkeit
Tue ich es dir gleich

Als du hangest am Kirchturm

Als du hangest am Kirchturm
Rief ich dir vom Marktplatz zu
Aber du wandtest dich nicht
Und so wandte ich mich
Und kam wieder
Rief ich dir vom Marktplatz zu
Aber du wandtest dich nicht
So wandte ich mich
Und kam wieder
Rief ich dir vom Marktplatz zu
Als du hangest am Kirchturm
Mit mir und meinem Wort

Der Hammer peitscht, die Zeiger knallen

Der Hammer peitscht, die Zeiger knallen
Schlüssel, die ins Loch barsch fallen
Fenster schlagen, Bretter schreien
Ringe, die sich rasch entzweien
Bilderbogen, Kamm und Schere
Bein, das bricht, erfüllte Leere
Sohlen schmilzen, Türen schallen
Der Hammer peitscht, die Zeiger knallen

Meinem Blick entnehme man

Meinem Blick entnehme man
Die Sorge
Setze sie ein
In eigene Furchen
Und schenke mir
Hilflos lächelnd
Einen Fächer

Blendwerk des Tages

Blendwerk des Tages
In deinen Lippen
Sproß durch das Fleisch
Hinaus zu den Sippen
Kroch durch den Hals
Zu Fingern, die schnippen
Halbseidene Balz
An Rändern und nippen
Sproß durch das Fleisch
Gedämpft und bleich

Das Schlimmste

Das Schlimmste
Ist nicht die Abweisung
Nicht das Abschiedswort
Nicht der schmale Mund
Nicht der uferlose Blick
Sondern
Nicht infrage zu kommen
Nicht einmal
Das

Da du nicht mehr infrage kommst

Da du nicht mehr infrage kommst
Zerschellst du
Dann sammelst du dich wieder ein
Schmelzt und schmiedest
Heraus kommt
Ein Schwert ohne Klinge

Mit einem Kleinod will ich dich schmücken

Mit einem Kleinod will ich dich schmücken
Verzieren mit einem Glanz
Von den Brücken hattest du mir nichts gesagt
So entriss ich aus einem Brustkorb eine Kette
Die mir zwischen den Fingern spielte
Mit diesem Kleinod will ich dich schmücken
Du weißt nichts zu sagen
Ich denke: Du springst
Aber das ist bloß
Eine Melodie

Genau dann

Genau dann
Wenn du dich sehnst
Bist du verloren
Genau dann
Wenn du von dir absiehst
Bist du ruhig
Genau dann
Wenn du dich aufhebst
Bist du

An vier Augen noch zu messen

An vier Augen noch zu messen
Geschwungene Tendenzbögen
An Rundungen des Eintritts
Sich nährende Abstinenz des Zerfalls

Als blühten sich Blumen zum Donner
Von Mühlen aus zu bestimmen
Vermutung zu umfassen wie in Dauer
Getretene Trauben zur Stützung des Halls

Dein Lüften zur Tagesbefristung
Erratene Kuppeln vom Morgen aus
Im Gang noch der Drang des Bodens
Zur Gewährung des festlichen Balls

Am Schwung des Pfahls zu vergehen
Gerichtetes Licht wie zur Krippe
Und Mondstaub auf Lippen zu kosten
Im Schnauben des wütenden Stalls

Wie jedes andere Wasser auch dieses

Wie jedes andere Wasser auch dieses
Historisch noch kochende Blutsuppe
Und mühsam nur leckt Wind
Saft von den Brückenbögen
Auch kein Schleier mehr
Der nicht zu lüften wäre in der Dunkelheit
Und wie zum Hohn
Maunzt ein streunendes Kätzchen
Belässt für Sekunden sein Fell
An deinem empfänglichen Bein
Ja, unter dem Licht zu liegen heißt
Nicht zu wissen von den Ursprüngen der
Buchstabenfolgen
Von den Gesinnungen
Hinter den Worten nicht zu wissen
Nicht zu wissen und entgegenzunehmen
Einfälle, wie grundlos
Gesenkten Kopfes, wen grüßend
Notre-Dame entgegenträumend